99 Affirmations

Ultra-Puissantes pour

Être Heureux

Devenez Maître de Vos Émotions,
Inondez Votre Vie de Bonheur et de Joie

Frank Costa

Table des matières

...

Je suis un aimant irrésistible de bonnes vibrations et de joie

Je baigne dans le bonheur universel

Je deviens une personne plus joyeuse chaque jour qui passe

...

Introduction à la série

« Les seules limites sont celles que l'on s'impose »

Tout d'abord, je veux vous remercier et vous féliciter pour avoir téléchargé ce livre. Par cet acte en apparence si simple, vous démontrez à l'Univers que vous êtes prêt à agir pour devenir l'acteur et l'artisan de votre réalité, que vous avez décidé de faire ce qu'il fallait pour être plus heureux et plus épanoui.

Mais comment faire pour transformer ce premier pas en outil de changement puissant ? En utilisant un outil tout simple, gratuit, toujours disponible, qui ne demande que quelques instants chaque jour et qui ne nécessite aucun apprentissage : les affirmations.

Grâce à celles-ci, à la puissance du Verbe (qu'il soit prononcé verbalement ou intérieurement) vous reprendrez le contrôle de votre vie, un contrôle total si vous le souhaitez. Et pour cela, nul besoin d'attendre ou de suivre une formation : vous pouvez commencez aujourd'hui, et même maintenant !

On pourrait définir une affirmation comme une déclaration positive d'un fait ou d'un état comme s'il était déjà manifesté, formulée énergiquement et avec confiance. En réalité, vous le faites déjà tout ou long de la journée, souvent inconsciemment. Tout ce que vous pensez, tout ce que vous dites est une affirmation, une déclaration positive ou négative. Dès lors, il faut choisir avec soin ce sur quoi vous voulez vous focaliser, car cela tendra à se manifester ou se maintenir en l'état.

Les affirmations fonctionnent pour absolument tout, que ce soit pour améliorer vos conditions de vie, votre santé, trouver le travail de vos rêves, attirer la richesse… ou pour améliorer votre vie intérieure, progresser, rencontrer l'amour, vivre dans la joie, être respecté, vous défaire d'une habitude néfaste…

Quand vous constaterez les premiers résultats, qui arrivent parfois très vite, vous progresserez encore plus rapidement, car vous *saurez* que cela fonctionne. Débarrassé du doute et de la peur, vous reprendrez confiance en votre pouvoir créateur naturel et cela accélérera la manifestation de vos affirmations.

Les affirmations sont connues depuis les temps les plus reculés et sont utilisées avec succès par tout ce que le monde compte de champions, de grands sportifs, d'hommes d'affaires ayant réussi, de stars du cinéma ou de la chanson, de scientifiques brillants...

Comme eux, vous aussi pouvez apprendre à débloquer votre pouvoir et votre potentiel pour atteindre tous vos objectifs et relever tous les défis de la vie, qui sont là pour vous faire grandir en vous poussant à vous dépasser.

Pour utiliser efficacement les affirmations, vous n'avez qu'une chose à faire : vous en servir au quotidien, le plus souvent possible, avec foi et confiance. Si ces deux derniers éléments sont absents au départ, ou vous quittent par moment, ne vous inquiétez pas et continuez à travailler sur votre réalité à l'aide de vos affirmations. Au bout de quelques temps, des signes commenceront à apparaître qui vous indiqueront que vous êtes sur la voie de la transformation, et cela vous redonnera confiance.

Bien sûr, si vous affirmez une phrase telle que « *L'argent vient à moi facilement chaque jour* » et que votre réalité actuelle ne vous permet même pas de payer vos factures, vous allez en être conscient. Le but des affirmations n'est pas de vous mentir à vous-même ou de vous masquer la réalité des choses.

Le but est tout simplement de transformer la réalité actuelle en utilisant le pouvoir du Verbe. Donc, au bout d'un certain temps, les affirmations commencent à transformer votre paysage intérieur. **Tout commence toujours à l'intérieur, pour se**

manifester à l'extérieur. On peut également dire, en renversant cette proposition que **tout ce que vous voyez se manifester dans votre vie est le reflet de votre paysage intérieur.** C'est la même chose. Le monde est un miroir.

Par conséquent, en affirmant la richesse là où se trouve la pauvreté, la santé là où se manifeste la maladie, la joie là où il y a la tristesse, vous décidez d'effacer une illusion pour la remplacer par une qualité d'essence divine. En persévérant dans cette voie, en maintenant une nouvelle vision, l'Univers n'a pas d'autre choix que de modeler votre réalité sur votre paysage intérieur, car les deux sont indissociables.

Quand votre réalité commence à changer, vous devez continuer à faire votre part et à travailler avec l'Univers. Bien qu'il soit possible que des choses semblent se manifester « comme par magie » dans votre vie et que ce qu'on nomme « la chance » vous accorde ses faveurs, vous aurez en général à concrétiser des opportunités et à saisir les occasions quand celles-ci se présenteront.

Comme vous dégagerez des vibrations positives, vous commencerez à attirer sur votre chemin les personnes et les situations qui vous permettront d'avancer en direction de votre but. Et comme vous saurez pourquoi ces personnes et ces situations se manifestent, que vous saurez que c'est la réponse de l'Univers à votre requête, vous aurez la confiance et la motivation nécessaires pour agir. Vous n'hésiterez pas, que ce soit pour accepter un nouveau poste, prendre des responsabilités ou procéder à des changements radicaux dans votre vie. Vous vous sentirez maître de votre destin et vous libérerez de la peur paralysante et des doutes sclérosants.

Les affirmations contenues dans ce livre sont suffisamment nombreuses et variées pour que vous trouviez celles qui vous correspondent. Elles sont là pour être utilisées, alors servez-vous en !

Explorez-les sans limites. Si certaines d'entre elles entrent en résonance avec vous au départ mais qu'au fil du temps elles vous touchent moins, sentez-vous libre d'en changer. Vous pouvez même écrire les vôtres ! L'important est qu'en les utilisant, vous sentiez qu'elles vous transforment d'une manière positive et qu'elle vous donnent une énergie nouvelle. En travaillant de cette façon, des miracles se produiront dans votre vie.

Comme pour leur choix, ne vous limitez pas quant à leur utilisation. Vous pouvez utiliser les affirmations tout le temps et partout, en toutes circonstances. Elles peuvent aussi bien vous être d'un grand réconfort dans les épreuves et les situations compliquées que quand tout va bien. Ne cessez jamais de les utiliser.

Si vous êtes dans une phase négative, elles ont le pouvoir de transformer rapidement la situation de la meilleure manière possible. Si vous êtes dans un cycle positif, elles contribueront à le maintenir et l'embellir encore.

Au-delà de la résolution de problèmes et de l'atteinte d'objectifs, travailler quotidiennement avec les affirmations vous reconnecte avec l'énergie divine, ou l'énergie universelle si vous préférez ce terme. Peu importe que vous ayez une croyance ou non. Faites exactement ce qu'il faut faire, suivez la méthode que je vais détailler pour vous dans un instant, et vous obtiendrez des résultats qui dépasseront toutes vos espérances.

Vous êtes ici pour être heureux, sains, ne manquant de rien et vous réalisant à travers l'activité qui vous correspond et qui sera utile pour le plus grand nombre. Vous êtes unique et vous avez quelque chose d'unique à offrir au monde. En utilisant les affirmations, vous serez naturellement amené à vous accomplir.

L'utilisation des affirmations est comme un raccourci, une voie express vers la manifestation de ce que vous voulez dans votre vie. Si vous ressassez toujours vos problèmes, que vous vous plaignez de ce qui vous fait souffrir, vous affirmez une réalité et empêchez tout changement de fond.

Peu importe que vous ayez raison ou tort, ou que votre problème soit « réel » et vous paraisse insurmontable. Si vous voulez vraiment vous en débarrasser et renaître à une vie nouvelle, vous n'avez pas de temps à perdre à ruminer des idées et des sentiments négatifs, que ce soit envers vous ou envers d'autres personnes, la société, Dieu, la météo ou que sais-je encore.

Au lieu de cela, dites adieu à votre ancien monde et accueillez **dès aujourd'hui et sans réserve** celui que *vous* aurez choisi. Cela est si simple que vous vous demanderez très bientôt comment vous avez pu abdiquer votre pouvoir créateur pour nourrir les faux maîtres que sont vos propres pensées et sentiments négatifs, pures illusions sur lesquelles vous avez toujours eu prise.

16

La Méthode

Vous savez maintenant ce que sont les affirmations et ce qu'elles peuvent faire pour vous. Il est temps à présent de vous en servir.

Voici la méthode simple en trois étapes pour obtenir des résultats rapides :

1. **Choisissez** entre trois et sept affirmations parmi celles qui suivent + créez la vôtre.
2. **Répétez** ces affirmations tranquillement le matin au réveil et le soir avant de vous coucher + le plus souvent possible au cours de la journée.
3. **Écrivez**-les sur un cahier dédié chaque jour, au minimum une fois, dans l'idéal entre 10 et 25 fois chacune.

Combien de temps devez-vous pratiquer cela ? Jusqu'à ce que vous ayez atteint les résultats attendus. Cela peut-être très rapide ou un peu plus long. Il s'agit d'implanter une nouvelle vision des choses, de nouvelles croyances et de nouveaux sentiments dans votre subconscient. Dès l'instant où cela est fait, les changements suivent automatiquement.

Un minimum de 21 jours est recommandé dans tous les cas. Une « cure » d'affirmations sur un sujet donné de 90 jours transformera votre vie dans le sens que vous souhaitez et même au-delà.

Une fois votre but atteint dans un domaine, vous pouvez vous consacrer à un autre domaine et ainsi de suite. Vous êtes redevenus maître de votre vie. Repoussez les limites. Amusez-vous à créer votre réalité avec des objectifs de plus en plus grand.

Et rappelez-vous que les seules limites que nous rencontrons sont celles que nous nous imposons.

Note sur les affirmations

Bien que la plupart des affirmations qui suivent soient formulées au présent et de manière positive, certaines échappent à cette règle. En effet, comme toute règle, celle-ci n'est pas absolue et chez certaines personnes, le fait de désigner un mal ou d'indiquer ce que l'on souhaite pour le futur peut générer un puissant sentiment de bien-être et de sécurité, sentiments contribuant à accélérer la manifestation. Si tel est votre cas, n'hésitez pas à inclure une ou deux affirmations de ce type dans votre sélection.

D'autre part, certaines affirmations sont très proches l'une de l'autre et peuvent *sembler* quelque peu répétitives. Toutefois, tout comme en musique, les nuances sont importantes et chaque terme a une vibration qui lui est propre, chaque tournure de phrases fera résonner différemment en vous les mots qu'elle contient.

Essayez de trouver les affirmations qui suscitent chez vous le plus d'émotions positives. Ce sont celles avec lesquelles vous obtiendrez les meilleurs résultats, dans les délais les plus courts.

Affirmations

Je m'autorise à faire l'expérience du bonheur à chaque instant de ma vie

Je trouve toujours quelque chose pour être heureux

Je me réserve toujours du temps pour expérimenter le bonheur

Je suis capable de trouver le bonheur à chaque instant

Je suis toujours content de ma vie

Je suis toujours heureux d'être qui je suis

Je suis un aimant irrésistible de bonnes vibrations et de joie

Je baigne dans le bonheur universel

Je deviens une personne plus joyeuse chaque jour qui passe

Je suis débordant d'une joyeuse énergie

Je suis gai et heureux indépendamment des circonstances autour de moi

Je suis déterminé à être aussi heureux que possible

Je suis éternellement reconnaissant pour l'expérience joyeuse que je vis

Je suis libre de découvrir toute la joie que la vie a à offrir

Je suis heureux et en paix avec le monde

Je suis heureux parce que je veux l'être

Je suis immunisé contre la négativité

Je suis maître de ce que j'éprouve et je choisis d'être heureux

Je laisse toutes les cellules de mon corps être inondées de bonheur

Je suis au-dessus de toute pensée négative

Je vis une vie remplie de lumière et de vibrations positives

Je vis une vie totalement immergée dans le bonheur

Je vis une vie qui répand la joie dans le monde

Je vis une vie remarquablement heureuse et enrichissante

Je vis comme un être paisible et joyeux

Je suis chanceux d'avoir une vie remplie de joie

Je suis fier de la façon dont je vis ma vie

Je suis reconnaissant pour la joie abondante dans ma vie

Je suis la personnification du bonheur

Je suis très heureux de ce que la vie me donne

J'apporte le don du bonheur à toute personne que je rencontre

Je peux choisir d'être heureux

Je ne peux pas être atteint par les gens négatifs

Je célèbre la vie joyeuse que je vis au quotidien

Je choisis et mérite d'être heureux

J'écarte facilement le doute et la tristesse

J'aime rire et je le fais souvent

Je sens que chaque cellule de mon corps résonne avec joie

Je me sens bien d'être qui je suis et de faire ce que je fais

Je m'attends à trouver de nouvelles raisons d'être heureux et j'en trouve

Je trouve de nouvelles raisons d'être heureux chaque jour

Je trouve de nouvelles façons d'être une personne plus heureuse à chaque instant qui passe

J'ai une réserve sans fond d'énergie joyeuse à l'intérieur de moi

J'ai une perspective toujours positive sur les choses

Je possède une joie qui vient de l'intérieur

La lumière joyeuse de l'Univers circule à l'intérieur de moi

J'ai une vie de bonheur et d'amour total

J'ai une vie ancrée dans des pensées positives

J'ai le talent de rendre le bonheur contagieux

J'ai une vie merveilleusement enrichissante et heureuse

Mon bonheur intérieur croît tous les jours

Je tout ce dont j'ai besoin pour vivre une vie parfaitement heureuse

J'ai du bonheur dans ma vie parce que je l'attends

Je me suis engagé personnellement à être heureux

J'ai pris la décision de vivre ma vie dans un état de joie totale

J'ai plus de raisons d'être heureux à chaque minute qui passe

J'ai le pouvoir d'étendre et de développer la joie

J'entretiens des pensées positives qui égayent mes jours

Je sais ce qui me rend heureux et je le trouve

Il n'y a pas de place pour la tristesse dans ma vie

Je réchauffe l'ambiance avec mon grand sens de l'humour

J'attends impatiemment l'avenir qui sera merveilleux

J'aime de plus en plus la personne que je suis

Je vis une vie de joie pure et exaltante

Je me réjouis de mon avenir qui va m'apporter encore plus de joie

J'aime ma vie et tout ce qu'elle contient

Je m'aime et j'aime ma vie

J'aime être souriant tout le temps

Je garde toujours mon sens de l'humour et je ris souvent

Chaque jour est le plus beau jour de ma vie

Je fais en sorte que mon courage et ma force viennent de l'intérieur

Je fais de mon propre bonheur une priorité essentielle

Je fais le choix conscient de vivre une vie de bonheur

Je nourris une attitude joyeuse tout au long de la journée

Je pratique le bonheur comme une habitude

Je rayonne de bonheur afin de profiter de la vie au maximum

Je me souviens de sourire parce qu'ainsi je me sens bien

Je saisis chaque occasion de me sentir bien et de me chérir

Je partage mon bonheur avec les autres lorsque nous parlons

Je partage ma joie avec les autres et en reçois une multitude

Je suis tout le temps joyeux et insouciant

Je n'ai que des pensées heureuses et n'emploie que des mots de joie

J'utilise le rire pour relâcher la tension et le stress

J'utilise le rire pour répandre ma joie auprès de mes proches

Je trouve toujours une raison de sourire

Je rend toujours grâce pour tout le bonheur que je vis

Je vais amplifier le bonheur dans ma vie

J'apprécie chaque occasion de ressentir de la joie

Je perçois mon bonheur là où je me trouve

Je garde toujours une attitude positive pour mieux répandre mon bonheur

Je relâche ma tension et mon stress pour faire place à plus de joie

Je laisse mon bonheur se multiplier et être abondant

Je maintient une attitude positive concernant l'avenir

Chaque jour, je rend témoignage de la joie que je ressens

Je ne limite pas mon bonheur

Je ne me nourris que de pensées joyeuses

Je met du temps de côté chaque jour pour me concentrer sur mon bonheur

Je partage ma joie abondante avec tout les personnes autour de moi

Je prend le temps de nourrir et d'entretenir mon bonheur

+

Inspirez-vous de ce qui précède, et rédigez ici *votre affirmation*.

En guise de conclusion

Les affirmations ci-dessus sont très puissantes mais n'oubliez pas que si vous ne vous en servez pas… il ne se passera rien.

Pour obtenir des résultats, il vous faut pratiquer sur une base quotidienne. La répétition est un facteur-clé. Il vous faut transformer vos vieux schémas de pensées pour les remplacer par de nouveaux que *vous* aurez choisi.

Suivez simplement le plan en trois étapes simples que je vous ai présenté en introduction et regardez ce qui se passe.

Vous êtes au bord d'un changement de vie radical, qui vous conduira vers la richesse, le bonheur, la santé, l'épanouissement personnel dans tous les domaines de votre vie et la réalisation de vos rêves les plus chers.

Ne laissez pas votre mental vous bloquer et *pratiquez* sans cesse, au besoin *malgré* le doute et le découragement car

« *L'heure la plus sombre précède toujours l'aube* »

Alors des miracles se produiront dans votre vie.

C'est tout le bonheur que je vous souhaite.

Frank

Merci !

Avant de nous quitter, je veux vous remercier et vous féliciter une nouvelle fois pour avoir pris le temps de lire ce livre.

Si vous avez aimé ce que vous y avez découvert ou si vous voulez témoigner des changements positifs survenus en pratiquant la méthode simple exposée ici, pourriez-vous prendre quelques instants pour laisser une évaluation sur le site d'Amazon ?

Chaque commentaire est précieux et permet aux auteurs de toujours s'améliorer, et aux lecteurs de se repérer dans la multitude de livres existant.

Merci à vous !